†

A LA MÉMOIRE

DE

M. Camille LENFANT

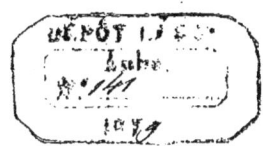

À LA MÉMOIRE

DE

M. Camille LENFANT

Le mardi 2 Décembre 1879, ont eu lieu, à Romilly, les obsèques de M. Lenfant, conseiller général, dont une mort prématurée a brisé en un instant la noble et précieuse existence. La population de Romilly a montré, en cette douloureuse circonstance, qu'elle comprenait combien est profonde et irréparable la perte qu'elle vient de faire. Pendant les deux jours qui ont précédé les funérailles, une foule nombreuse est venue à la maison mortuaire, contempler encore une fois les traits du vénéré défunt qui avait été si bon et si bienveillant pour tous ; les riches se mêlaient avec les pauvres, dans cette visite pieuse, car, dans toutes les classes de la société, il n'y avait peut-être pas une personne qui n'eût reçu de M. Lenfant un service ou un encouragement ; il était de ces hommes à la bonté desquels on n'échappe pas ; ceux mêmes, nous dirions presque ceux surtout qui avaient été ses ennemis, avaient éprouvé plus d'une fois qu'une âme aussi haut placée que la sienne ne se venge que par des bienfaits.

Mardi, malgré une température sibérienne, l'église de Romilly n'était pas assez grande pour contenir la foule qui s'y pressait; plusieurs ecclésiastiques, dont quelques-uns venus de fort loin, s'étaient joints à M. le doyen de Romilly. Là encore, tous les rangs étaient confondus et de tous les cœurs s'élevait un commun hommage à la mémoire de l'homme excellent dont on ne saurait assez pleurer la mort. Ah! c'est qu'il l'avait bien aimée, cette ville de Romilly! Dans des instants de crise et de péril, il lui avait rendu des services de premier ordre, et, aux jours funestes de l'invasion prussienne, il avait subi pour elle, avec un généreux dévouement, les angoisses d'une captivité dont nul ne pouvait prévoir l'issue; il eût donné sa vie de bon cœur, s'il l'eût fallu, pour protéger ses concitoyens contre les fatales exigences d'un ennemi triomphant.

Avant l'absoute, M. l'abbé Barre, curé de Maizières, que le cher défunt avait honoré de sa plus cordiale amitié, est monté en chaire et a prononcé d'une voix émue une allocution qui a remué tous les cœurs et fait couler bien des larmes. Nous sommes heureux de pouvoir reproduire les paroles éloquentes qui répondaient si bien aux sentiments de toute l'assistance.

« *In memoriâ æternâ erit justus.* »

La mémoire du juste sera éternelle.

(*Livre des Psaumes*)

« L'Église, réservant à Dieu ses jugements, a pour habitude de garder le silence devant la tombe de ses enfants. Cependant lorsque l'un d'entre eux s'est plus particulièrement distingué par la sincérité de sa foi, par sa charité et son dévouement à tous les devoirs chrétiens, elle nous autorise à élever la voix et à dire à ceux qui survivent: Celui que vous pleurez fut **votre modèle, imitez-le!** Voilà pourquoi, comme ministre de la religion, je viens en son nom, apporter du haut de cette chaire, avec l'expression de nos unanimes regrets, un dernier hommage à la mémoire de M. Camille LENFANT.

— Je veux laisser de côté toute considération profane. D'autres pourront vous dire ce qu'il fut comme citoyen, comme magistrat ou administrateur. Ils pourront vous dire quelle fut sa profonde intelligence des affaires ; avec quel désintéressement, avec quel tact délicat il savait toujours les traiter pour le plus grand intérêt de sa chère ville de Romilly ou du département.

Pour moi, dans ce temple et devant cet autel qui furent si longtemps témoins de sa piété, au milieu de nos communes prières, je ne dois et ne veux voir en lui que le seul titre qui, en le sanctifiant, fut le véritable honneur de sa vie, le seul qui survive à tous les autres, le seul que Dieu reconnaisse et récompense dans l'éternité : « *In memoriâ æternâ erit justus.* »

Monsieur Camille LENFANT eut le bonheur de puiser au foyer paternel ces principes religieux que nous retrouvons dans toute sa vie ; son enfance fut pieuse et édifiante ; il ambitionna même quelque temps le bonheur de se consacrer au service des autels. La Providence en ayant disposé autrement, il emporta dans le monde, où elle lui réservait un poste d'honneur, l'éducation chrétienne, la science religieuse qui avaient fait l'ornement de sa jeunesse.

La pénétration de son esprit, la rectitude de son jugement l'avaient convaincu que la religion seule a le secret d'éclairer, de diriger, de soutenir dans le devoir, de consoler l'homme ici-bas. Aussi il l'aimait sincèrement : il s'inclinait devant ses vérités saintes ; il admirait la sublimité de sa morale, la beauté de son culte ; et à mesure qu'il atteignait les sommets de la vie, il s'appliquait à en observer les lois avec une fidélité toujours croissante.

Ah ! Messieurs, dans notre siècle de dévorante activité,

trop souvent, afin de justifier notre indifférence pour Dieu et les graves intérêts de nos âmes, nous nous rejetons sur les soucis, les tracas, la fièvre des affaires !

Or la vie de Monsieur LENFANT fut une éloquente réfutation de ces futiles excuses : Les affaires ; qui les eut plus importantes et plus multipliées que lui ? Affaires privées, études variées, affaires de chacun, affaires publiques, il est à tout : sa porte comme son cœur sont toujours ouverts ; chacun cherche ses conseils, il les prodigue de grand cœur. Faut-il une démarche, un voyage, s'il peut être utile au dernier de ses concitoyens, il n'hésitera pas ! Que dis-je, ses concitoyens ! mais de quelque lieu qu'ils viennent, il est toujours et jusqu'à la fin tout à tous, avec une complaisance, une affabilité qui ne se démentent jamais.

Et cependant, malgré cette sollicitude presque universelle, il trouvait, grâce à ces habitudes austères, à cette vie réglée que nous admirions tous, il trouvait moyen de donner à Dieu la plus belle part de son existence. Bien avant l'aube du jour, on pouvait le voir sur pied, lui offrant l'hommage de sa journée ; de temps à autre, il aimait encore à sanctifier sa matinée en venant dans ce temple épancher son cœur devant le Dieu qui avait réjoui sa jeunesse ! Le soir, l'heure du recueillement venue, il était tout à sa famille, et il y était en chrétien. Il l'édifiait par la gravité de son maintien, par l'élévation de ses pensées, par le souci de telle ou telle famille pauvre dont le souvenir le poursuivait ! Il l'édifiait dans la prière ! Admirable famille dont tous les membres ne font qu'un cœur et qu'une âme, où la vraie piété les inspirant tous, les pénètre de ce respect, de ces égards, de ces prévenances délicates, de ces affections vraies, qui, répercutées de l'un à l'autre, font le bonheur de tous ! Famille admirable, image du Ciel, où l'on aime, où l'on sert Dieu en commun ! Ensemble on prie, ensemble on vient chaque Dimanche à la maison de Dieu, ensemble on vient s'asseoir à la Table sainte ! Idéal parfait du foyer chrétien où l'on ne pénètre qu'avec respect comme dans un sanctuaire béni de Dieu et gardé par les anges.

Aussi, le Ciel se plut-il à favoriser, à bénir toutes les entreprises de Monsieur LENFANT ; justifiant en sa personne les promesses faites au juste : « *Omnia prosperabuntur.* » Il le savait, il aimait à le redire avec reconnaissance ; et surtout, cette reconnaissance, il s'appliquait à l'affirmer par ses pieuses libéralités envers la maison de Dieu qu'il ne trouvait jamais assez belle. Est-ce que récemment encore il ne la dotait pas, à la gloire du Sacré-Cœur, d'un magnifique autel qui restera comme un précieux monument de sa piété ! Et la cause de Dieu et de la religion ! je le dirai bien haut, elle le trouva toujours empressé, toujours dévoué : pas un appel de l'Église qui n'ait trouvé écho dans son cœur ! Je pourrais ajouter que plus d'un jeune lévite lui devra l'honneur d'avoir pu suivre sa vocation.

— A l'école de la religion, Monsieur LENFANT avait appris que si le temple est la maison de Dieu, les pauvres sont aussi ses sanctuaires privilégiés, qu'ils sont les membres de Jésus-Christ ! Il savait l'obligation rigoureuse pour le riche de répandre ses largesses sur les malheureux, à l'image de Dieu qui chaque jour verse sur l'humanité l'abondance de ses bienfaits ! Il savait aussi que « donner » comme on l'a si bien dit, est un plaisir qui ne s'use jamais. Et en obéissant à l'Évangile, ce plaisir, il se donnait de le goûter avec une abondance qui n'avait d'égale que la modestie dont il cherchait à l'envelopper. Dieu seul pourrait nous dire ceux qu'il a soulagés, secourus pendant sa longue carrière. Et qui ne l'a vu souvent, avec cette placidité toujours sereine qui était comme le fond de son caractère, arrêter sur son chemin quelque infortuné, et, avec une bonne parole dont lui seul avait le secret, glisser discrètement son aumône ? D'autres fois, chaque jour, pourrais-je dire, ces aumônes allaient à domicile par les mains des deux anges de piété et de charité, que Dieu fit asseoir à son foyer, à des titres divers, mais partageant avec lui l'amour des pauvres. Ah! bons habitants de Romilly, vous qui pleurez un bienfaiteur, rassurez-vous, ses dignes messagères n'auront jamais de plus douce consolation que de continuer parmi vous leur charitable mission. — Votre excellent pasteur, et d'autres prêtres encore, qui sont venus mêler leurs larmes aux vôtres, pourraient dire à leur tour combien souvent ils furent les agents de sa charité. Et, je le dirai en passant, par un sentiment qui ne peut venir que de l'Evangile, sa plus grande joie, c'était d'avoir pu répondre à la malveillance par un bienfait. Il faisait le bien, comme il servait Dieu, pour la satisfaction de sa conscience, sans s'inquiéter des caprices de la popularité.

Après une vie si utilement et si chrétiennemnt remplie, la mort si soudaine dans ses coups pouvait venir, elle ne pouvait le surprendre. D'ailleurs, mettant à profit les avertissements que le Ciel lui avait ménagés il y a quelque temps déjà, il se préparait chaque jour au suprême appel du Souverain Juge. Naguère encore on pouvait le voir pieusement agenouillé au pied de cet autel et demander au Dieu de l'Eucharistie les grâces de choix dont il avait besoin pour consommer son pèlerinage. Et, à cette même place où nous ne le retrouverons plus, que de fois il a dû remercier Dieu de lui avoir réservé la consolation, en quittant ce monde, de se voir revivre en un fils héritier de sa foi, noble cœur pétri de loyauté, de modestie, d'incomparable bonté! Que de fois il a dû remercier Dieu de lui avoir donné de voir refleurir en ces jeunes rejetons, derniers objets de sa tendresse, la sève de piété devenue leur bien de famille. Oui, il était prêt ; et quand, il y a trois jours, à la grande stupéfaction de nous tous, le signal du départ vient à sonner, il recueille toute l'énergie de sa foi, il regarde la mort en face, il l'annonce à ses enfants, leur fait ses derniers adieux, les invite à la prière, et embrassant amoureusement son crucifix, il s'endort dans la paix du Seigneur!

O famille vénérée, quelle surprise cruelle! je conçois vos larmes, les déchirements de vos cœurs! quel vide affreux! Désormais, l'époux bien-aimé, le père vénéré ne sera plus là pour goûter les charmes de votre affection! Cependant, consolez-vous! Goûtez, goûtez les consolations que vous donne la foi! Ne vous dit-elle pas, et à vous plus hautement qu'à tout autre: qu'il n'a fait que vous devancer dans les joies de l'Éternité! »

Après l'absoute donnée par M. le doyen, dont la voix était entrecoupée de sanglots, on se rendit au cimetière où M. LENFANT allait reposer auprès d'une fille bien-aimée.

On espérait qu'il se trouverait un conseiller général pour dire le dernier adieu au collègue éminent que la mort avait frappé; mais aucun, sans doute à cause de la mauvaise saison, n'avait pu assister à ses funérailles. Un intime ami de M. LENFANT, M. VACHEROT, président de l'Académie des Sciences morales et politiques, improvisa quelques paroles dictées par son cœur; nous craindrions de défigurer en l'analysant cette allocution où la justesse des pensées et l'élégance de la forme décelaient un maître dans l'art de parler; disons seulement qu'il montra dans M. LENFANT, l'homme de tête, l'homme de cœur et l'homme de bien. M. LENFANT a été en effet tout cela, dans une mesure peu commune.

La chère et excellente épouse du défunt avait trouvé, dans sa foi si vive, assez d'énergie morale pour suivre jusqu'à sa dernière demeure le corps de celui qu'elle avait tant aimé. Puissent les témoignages de sympathie qui lui sont venus de toutes parts adoucir un peu sa profonde douleur et celle de sa pieuse famille! Mais, disons-le bien vite, sa meilleure consolation est l'espérance de retrouver un jour au ciel le fervent chrétien qui s'est endormi dans la paix du Seigneur.

www.ingramcontent.com/pod-product-compliance
Lightning Source LLC
Chambersburg PA
CBHW061618040426
42450CB00010B/2547